MÉMOIRE

SUR LE CHOIX DES LIVRES

DE

CHANT LITURGIQUE

ADRESSÉ

A SA GRANDEUR Mgr MENJAUD

ARCHEVÊQUE DE BOURGES

PAR

M. L'ABBÉ CLOET

CHANOINE HONORAIRE D'ARRAS, D'AMIENS ET NOYON (PAS-DE-CALAIS)

PARIS

JACQUES LECOFFRE ET Cie, LIBRAIRES-ÉDITEURS

RUE DU VIEUX-COLOMBIER, 29

MÉMOIRE

sur

LE CHOIX DES LIVRES

DE CHANT LITURGIQUE

AUTRES PUBLICATIONS DE M. L'ABBÉ CLOET

SUR LE CHANT D'ÉGLISE,

ET QU'ON TROUVE A LA LIBRAIRIE ARCHÉOLOGIQUE DE VICTOR DIDRON, RUE SAINT-DOMINIQUE-SAINT-GERMAIN, 23, A PARIS.

DE LA RESTAURATION DU CHANT LITURGIQUE, ou Ce qui est à faire pour arriver à posséder le meilleur chant romain possible. Publié en décembre 1851. . . . . 4 fr.

UN MOT SUR LE CHOIX DES LIVRES DE CHANT, avec examen du système de réforme proposé par Mgr Alfiéri, prélat romain. Publié en août 1856. *Épuisé.*

REMARQUES CRITIQUES SUR LE GRADUALE ROMANUM du R. P. Lambillotte. Publié en février 1857. . . . . 2 fr. 50

EXAMEN DU MÉMOIRE DU R. P. DUFOUR, ou Réponse aux observations faites sur les *Remarques critiques*. Publié en août 1857. 2 fr. 50

PARIS. — IMP. SIMON RAÇON ET COMP., RUE D'ERFURTH, 1

MÉMOIRE

SUR LE CHOIX DES LIVRES

DE

CHANT LITURGIQUE

ADRESSÉ

A SA GRANDEUR Mgr MENJAUD

ARCHEVÊQUE DE BOURGES

PAR

M. L'ABBÉ CLOET

CHANOINE HONORAIRE D'ARRAS ET DOYEN DE BEUVRY (PAS-DE-CALAIS)

PARIS

JACQUES LECOFFRE ET Cie, LIBRAIRES-ÉDITEURS

RUE DU VIEUX-COLOMBIER, 29

1862

LETTRE

DE

SA GRANDEUR Mgr LE PRINCE DE LA TOUR D'AUVERGNE

ARCHEVÊQUE DE BOURGES

A M. L'ABBÉ CLOET

CHANOINE HONORAIRE D'ARRAS ET DOYEN DE BEUVRY

———

ARCHEVÊCHÉ DE BOURGES

Bourges, 22 janvier 1862.

MONSIEUR LE DOYEN,

Je suis heureux de vous apprendre que la commission formée par mon vénérable prédécesseur, pour le choix d'une édition de chant, s'est prononcée pour celle de Reims et de Cambrai. Le rapport si lumineux et si motivé que vous avez eu l'obligeance de nous adresser, et dont la commission, je me plais à vous le dire, verrait avec plaisir l'impression, a contribué beaucoup à cette résolution, à laquelle je me suis

1

empressé de donner mon assentiment. Vous voyez, monsieur le Doyen, que votre concours nous a été grandement utile. Permettez-moi de vous en exprimer de nouveau toute ma gratitude, et d'y joindre l'assurance de mes sentiments les plus dévoués en Notre-Seigneur.

† C. A., *Archev. de Bourges.*

UN MOT DE L'AUTEUR

Nous n'avons qu'à nous incliner avec respect et avec reconnaissance devant les paroles qu'on vient de lire. Le jugement et le vœu qu'elles expriment nous sont doublement précieux ; car, outre qu'ils émanent d'une commission composée d'hommes très-éclairés, le très-noble prélat qui les sanctionne est le personnage même qui a encouragé le premier nos travaux en 1851, comme vicaire général de Monseigneur Parisis, et dont le beau nom, si longtemps vénéré dans nos contrées en la personne d'un illustre cardinal, reste toujours pour nous le symbole de la dignité pontificale et de l'honneur français. Nous livrons donc au public notre petit travail, tel qu'il a été conçu à la hâte et sans y rien modifier. Comme nous avons composé cet écrit, non pas pour des archéologues, mais uniquement pour deux prélats et une commission, nous y avons mis le moins d'érudition et de développements possible, afin d'en rendre la lecture moins longue et moins pénible ; et nous avertissons les savants que, sans doute, ils ne s'instruiront guère à le lire. Mais les personnes qui désirent se faire quelque idée de la question de chant, sans se livrer à des études spéciales, y trouveront, croyons-nous, ce dont elles ont besoin ; et c'est à elles que, maintenant, nous l'offrons.

N. C.

A SA GRANDEUR

MONSEIGNEUR MENJAUD,

ILLUSTRISSIME ET RÉVÉRENDISSIME ARCHEVÊQUE DE BOURGES.

Monseigneur,

Invité à exposer devant Votre Grandeur mon opinion sur le choix des livres de chant pour la liturgie romaine[1], je cède à cet appel avec un empressement respectueux ; et, pour y répondre, je vais formuler quelques questions que je m'efforcerai de résoudre le plus succinctement possible.

[1] C'est par l'intermédiaire de M. l'abbé Druon, docteur en théologie, que Mgr Menjaud et Mgr de la Tour d'Auvergne, alors coadjuteur de Bourges, nous ont demandé ce travail. Successivement élève de Saint-Sulpice à Paris et du séminaire français à Rome, où il a brillamment couronné ses études théologiques, M. l'abbé Druon est un enfant d'Annay, notre ancienne paroisse. Ses heureuses dispositions nous l'y ont fait discerner sur les bancs mêmes du catéchisme, et nous lui avons voué dès lors une affection que le temps n'a pu qu'augmenter. Il nous est donc particulièrement doux de placer ici son souvenir et de pouvoir constater que, dans la question qui vient d'être si heureusement résolue à Bourges, le jeune secrétaire de Mgr de la Tour d'Auvergne a montré le zèle le plus louable.

2

Iᵉ QUESTION

Quel est le système musical et quel est le chant de la liturgie
romaine?

Une liturgie, généralement, se compose de paroles, de
rites et de chants. C'est aussi avec ces trois éléments que
la liturgie romaine se trouve constituée; et, de même qu'il
y a des textes et des cérémonies liturgiques, il y a aussi
un chant liturgique, c'est-à-dire un système musical et un
ensemble de mélodies choisis par l'Église pour servir d'expression à la prière dans le service divin.

Le système musical de la liturgie romaine, c'est celui dont
le pape saint Grégoire le Grand a fixé les principes vers la
fin du sixième siècle, en l'empruntant au genre diatonique
des anciens Grecs; et il n'y en a pas d'autre. Il n'y a non
plus qu'un seul recueil de mélodies qui soit véritablement
liturgique, c'est celui que le même pontife a élaboré pour
l'usage du culte catholique, et que ses augustes successeurs,
pour faire face à de nouveaux besoins, ont augmenté d'a-
près les mêmes règles et suivant le même goût.

Sans doute l'Église, qui défend aux fidèles et même aux évêques de jamais rien changer dans les textes et dans les rites de sa liturgie, se montre moins sévère quand il s'agit du chant. Elle permet d'appliquer aux paroles sacrées des mélodies plus ou moins étrangères au recueil autorisé, et elle n'exclut même pas de son culte les accents de la musique figurée, quand ils présentent des conditions convenables de gravité et de piété. Mais, si l'Église admet de tels chants, ce n'est qu'à titre d'exception et de tolérance, sans jamais les considérer comme partie intégrante de sa liturgie, ni en rendre l'usage obligatoire; la musique grégorienne n'en demeure pas moins, avec son système spécial et ses mélodies propres, la seule qui soit véritablement liturgique, et le seul chant habituel de la prière publique.

Le chant de l'Église, dit Benoît XIV dans la bulle *Annus* de 1749, c'est celui que saint Grégoire a composé ou régularisé, *cantus ille est quem, ad musicæ artis regulas, dirigendum efformandumque multum elaboravit S. Gregorius Magnus.* Le Cérémonial des Évêques ne reconnaît non plus comme vraiment liturgique que le chant grégorien (*lib.* II, *cap.* I, *n.* 8 *et alibi*); et, ainsi que Pie IX l'a fait écrire à Monseigneur de Besançon dans l'année 1856, c'est le seul que Rome veut voir en usage (*Examen du Mém. du P. Dufour*, p. 50).

IIᵉ QUESTION

Le chant grégorien existe-t-il encore et à quelles sources peut-on le trouver?

Le respect que l'on a toujours eu dans l'Église pour les paroles et les rites de la liturgie, on l'a constamment accordé, jusqu'au seizième siècle, au chant liturgique lui-même. C'était un dépôt qu'on voulait transmettre comme on l'avait reçu; y toucher, c'eût été empiéter sur les droits de celui que Dieu a établi pour régler la discipline aussi bien que pour fixer la foi, et personne ne songeait à y rien modifier. Il s'était bien glissé çà et là sous la main des copistes, surtout dans les changements de notation, quelques falsifications qui, à force de se répéter, avaient fini par former des variantes assez nombreuses et plus ou moins importantes; c'était inévitable. Mais il n'en existait pas moins, à l'égard du chant comme pour les textes et les rites de la liturgie, une admirable unité.

En effet, quand on prend en main les recueils de chant

liturgique antérieurs au seizième siècle, et qu'on les compare les uns aux autres, on constate bientôt une ressemblance frappante. Sans doute l'identité n'est pas complète, et l'on remarque très-bien qu'en s'éloignant davantage de l'époque grégorienne les monuments présentent aussi plus de dissemblance; mais, malgré ces variantes plus ou moins nombreuses et plus ou moins graves, l'on sent que c'est partout la même substance et la même forme. La séméiographie s'y modifie suivant les époques; mais, généralement, les manuscrits de même notation y présentent les mêmes signes aux mêmes endroits; les livres écrits en France et en Belgique ne diffèrent pas essentiellement de ceux qui viennent de l'Italie et de l'Espagne, et il en est de même pour les documents dus à l'Angleterre ou à l'Allemagne. Aux mêmes paroles correspondent les mêmes notes, et, conséquemment, les mêmes intonations, les mêmes durées, le même chant. C'est ce que tout le monde peut vérifier; car, malgré bien des destructions, nos dépôts scientifiques présentent sur ce point des ressources d'une abondance vraiment providentielle.

Ce fait nous met à même de donner à la question posée une réponse certaine; car ce chant, partout identique jusqu'au seizième siècle dans des monuments si différents par leur origine et leur notation, ne peut venir que d'une source unique. C'est nécessairement la même œuvre musicale que ces monuments reproduisent; et cette œuvre, comme on l'a toujours proclamé dans l'Église, ne saurait être que le chant même *centonisé* par saint Grégoire le Grand pour l'usage du culte catholique.

L'antique chant grégorien n'est donc pas perdu : ces mélodies qui ont réjoui nos pères et qui ont retenti dans nos églises aux plus beaux âges de la foi, les mélodies des anciens manuscrits, ce sont celles de saint Grégoire; et, en cherchant à cette source, on est sûr de retrouver, en fait de chant liturgique, le fil de la véritable tradition.

IIIᵉ QUESTION

Les livres d'une époque plus récente contiennent-ils aussi le chant grégorien ?

Les éditions publiées depuis deux cent et cinquante ans sont très-nombreuses. L'on peut citer, entre autres, l'édition faite à Rome en 1614 et 1615 sous Paul V par Giovonelli ; l'édition imprimée à Toul en 1624 chez Le Belgrand, et qui a servi de type à une foule d'autres publications faites à Lyon, à Grenoble, à Avignon ; celle qui a été donnée à Paris en 1682 chez Ballard, par Gabriel Nivers ; les éditions de Venise, reproduites plus tard à Turin ; celles d'Anvers chez Plantin, et de Liége chez Plompleux ; les éditions de Dijon· chez Douillier, de Paris chez Perisse, et de Rennes chez Vatar ; celles de Malines chez Hanicq, de Digne chez Repos, de Ratisbonne chez Pustel, d'Avignon chez les frères Aubanel ; enfin l'édition récemment publiée à Paris chez Adrien Le Clere, et qui contient le chant du P. Lambillotte.

Eh bien ! parmi ces éditions et tant d'autres qui ont été

mises au jour à l'aide de l'imprimerie depuis deux siècles et demi, prenez-en une, n'importe laquelle, et comparez-en les chants avec les mélodies des anciens documents. Vous remarquerez tout de suite que l'accord constaté tout à l'heure n'existe plus. Les mélodies y diffèrent surtout des chants traditionnels par neuf côtés : 1° Tandis que les livres anciens distinguent si bien les sons soutenus des sons ordinaires, ainsi que les diverses valeurs rhythmiques, on ne rencontre dans les éditions plus récentes que des signes de durée presque constamment uniformes, et le rhythme s'y trouve sensiblement modifié. 2° Distinguant avec raison les chants récités dans lesquels la parole domine, et les chants modulés où la mélodie tient le principal rang, saint Grégoire, avec les anciens, avait assujetti les premiers aux lois de l'accent et les seconds à celles de la mélodie, sans s'astreindre à y respecter toujours l'accentuation, même sur la pénultième des mots à désinence dactylique, où elle est plus sensible. L'œil des puristes de la Renaissance a vu là un défaut; et, pour le corriger, on a dégagé les syllabes de cette sorte des groupes de notes qui les affectaient assez souvent, en n'y laissant plus qu'une seule note. 3° Plus rien, dans ces éditions, ne sépare les syllabes musicales, les neumes, les distinctions; et toutes les notes s'y trouvent arbitrairement unies ou désunies. 4° Quand plusieurs notes étaient portées par la même syllabe et sur le même degré, on les a presque toujours transformées en une seule note syncopée, comme s'il était plus étrange d'émettre successivement des sons sur la même corde que sur des cordes diverses. 5° On y a fait disparaître non-seulement des notes isolées et des syllabes musicales, mais encore des membres de phrase, en sorte que l'on n'y rencontre plus, très-souvent, qu'un chant notablement abrégé, surtout dans les mélodies plus chargées des messes et des matines. 6° Tandis que les pénultièmes des mots dactyliques portaient autrefois, pour le moins, une note commune, on leur a donné dans les recueils nouvellement édités des durées beaucoup plus rapides, et l'on a ainsi introduit des notes très-brèves dans une foule de passages qui ne portaient que des durées ordinaires. 7° Là même où aucune abréviation n'a été réalisée, on a souvent retouché les modulations, et c'est sous une physionomie vraiment nouvelle que les chants s'y présentent. 8° Comme la musique moderne, le chant des anciens manuscrits offrait des nuances et des agréments qu'en vue de l'orner, l'on ajoutait à la mélodie, surtout dans les morceaux ou passages chantés par une seule voix ; on les chercherait en vain dans les nouveaux recueils. 9° Les réformateurs n'ont même pas toujours respecté les règles propres à ces mélodies antiques ; et, plus d'une fois, c'est par l'altération du système musical particulier à la liturgie que des variantes se manifestent. Sans doute il y a toujours entre les nouvelles et les anciennes leçons une certaine ressemblance qui dénote que celles-là sont sorties de celles-ci ; mais les premières n'en forment pas moins des mélodies essentiellement dissemblables.

Vous constatez la même différence, si vous comparez entre elles les éditions plus ou moins récentes. Il y a bien entre les mélodies de ces divers recueils des rapports de conformité qui proclament qu'elles sont sœurs ; mais les chants n'en présentent pas moins des divergences notables ; et, souvent, c'est à peine si l'on peut trouver çà et là des passages d'une concordance rigoureuse.

Que s'est-il donc passé ? Hélas ! Sous l'empire de diverses

causes et sous l'influence de certaines idées que nous ne dirons point ici, il s'est accompli dans le domaine du chant liturgique une véritable révolution qui a duré jusqu'à ce jour; et l'état de choses que nous venons de décrire en est tout à la fois le fruit et le cachet.

Ce qu'il faut conclure de ces faits, c'est que les éditions modernes ne contiennent plus le chant de saint Grégoire dans sa pureté native, mais seulement un reste de ce chant antique plus ou moins altéré dans substance et surtout dans sa forme. L'on n'en continue pas moins partout, il est vrai, à désigner sous le nom de grég   n le chant ainsi modifié; mais, évidemment, cette dénomination n'est alors employée et ne doit être reçue que dans un sens large. Si l'on veut posséder le véritable chant grégorien, qui est le chant traditionnel de l'Église, ce n'est pas dans les livres plus ou moins nouveaux qu'on doit le chercher, mais dans les documents anciens.

IVᵉ QUESTION

Que faut-il penser de ces livres de chant plus ou moins modernes
au point de vue de la valeur musicale ou de l'esthétique?

Ce qu'il faut penser, c'est qu'en général les innovations
introduites depuis la fin du seizième siècle dans les mélodies
de l'Église ont été très-malheureuses, et qu'elles en ont
gravement altéré la beauté. Ainsi, pour apprécier chacune
des modifications signalées tout à l'heure : 1° En altérant
le rhythme des anciennes cantilènes, c'est-à-dire en substituant aux signes jusque-là si variés des notes d'une valeur
presque constamment égale et des durées presque toujours
uniformes, on leur a enlevé ce qui faisait surtout leur force
et leur vie. 2° En mettant, quant à l'accentuation, les chants
modulés sur le même rang que les chants récités, et en déga-
geant les pénultièmes dactyliques des groupes de notes, pour
n'y plus laisser d'abord qu'une carrée et plus tard une
losange, on a décomposé les syllabes musicales d'une manière souvent peu rationnelle, et, conséquemment, altéré

beaucoup le dessin mélodique. 3° En détruisant partout les groupes et les neumes, c'est-à-dire en liant des notes qui veulent être détachées et en plaçant des repos ou des respirations là où le texte musical n'en demande pas, on a achevé d'obscurcir le sens de la mélodie dans ses éléments les plus primitifs et les plus essentiels. 4° En syncopant les notes de même degré là où elles étaient détachées, c'est-à-dire en ne faisant plus entendre qu'un seul son plus ou moins prolongé là où il y en avait plusieurs, on a détruit l'intégrité des syllabes musicales et la symétrie des neumes. 5° En abrégeant le chant, c'est-à-dire en retranchant tantôt des notes ou des groupes de notes, tantôt des parties de mélodie plus ou moins considérables, on a renversé la symétrie des phrases et rompu cette unité qui est le cachet nécessaire de toute œuvre artistique, pour ne plus laisser que des parties incohérentes et des lambeaux décousus. 6° En changeant la durée de certaines pénultièmes, c'est-à-dire en notant par des losanges les syllabes qui avaient toujours porté au moins une note commune, on a transgressé les traditions du langage et défiguré les modulations, puisqu'on y a placé des durées que n'appelle point leur sens mélodique. 7° En retouchant les mélodies, c'est-à-dire en modifiant çà et là la manière dont les sons se succédaient, on leur a enlevé cette teinte de sévérité et d'antiquité qui en faisait des pièces si originales, pour n'y laisser plus surtout que les fadaises du goût mondain. 8° En supprimant les agréments, tant ceux qui étaient destinés aux chants exécutés par un seul que ceux qui pouvaient être observés dans les chœurs, on a privé la mélodie d'un élément de beauté qui, pour être accessoire, n'en avait pas moins son prix. 9° En violant dans bien des morceaux le système grégorien, c'est-à-dire en y plaçant des successions, des repos, des reprises, des relations et des altérations que ne comportent ni les règles du genre diatonique des anciens Grecs adopté par saint Grégoire, ni les traditions des musiciens médiévistes, on les a altérés dans ce qui les distingue le plus essentiellement des productions de la musique moderne.

Certes, ce sont là de graves détériorations; et l'on peut dire que tout ce que l'esprit moderne, à une certaine époque, a accumulé de ruines sur les autres chefs-d'œuvre de l'art chrétien, on le retrouve dans les mélodies de l'Église ainsi remaniées.

Ici encore, conséquemment, se place comme d'elle-même une conclusion aussi légitime qu'importante : laisser là les chants des anciens documents pour adopter les éditions modernes, ce serait préférer des élucubrations d'amateurs à une œuvre irréprochable, le monument en ruines à l'édifice qui est entier et debout, ce qui est souillé à ce qui est pur.

V⁰ QUESTION

Que faut-il penser, entre autres, de certaines éditions qui ont surtout
cours de nos jours ?

Les éditions surtout usitées aujourd'hui, ce sont, en dehors
des livres de Reims et de Cambrai dont nous parlerons plus
bas, celles de Dijon, de Rennes, de Digne, de Malines, et
enfin celle de Paris par le P. Lambillotte.

Disons-le tout de suite : aucune de ces éditions ne reproduit
intégralement le chant traditionnel de l'Église romaine, qui
est le chant de saint Grégoire. Comme dans tous les livres
de chœur édités en ces derniers siècles, on y trouve des
mélodies façonnées plus ou moins heureusement à l'aide de
matériaux empruntés aux antiques mélodies de l'Église ;
mais les véritables formules de l'Antiphonaire grégorien ne
s'y trouvent plus ; et, si quelque chose distingue toutes ces
éditions, c'est que, généralement, celles qui sont les plus
nouvelles sont aussi les plus mauvaises.

Édition de Rome de 1614 et 1615. — Cette édition ne

renferme que le Graduel. Préparée par Roger Giovanelli, successeur de Palestrina dans la charge de maître de chapelle au Vatican, elle a été publiée à Rome même, sous le pape Paul V, par l'imprimerie Médicis. Un travail du même genre ayant été produit par Palestrina quelque temps auparavant et soumis à la Congrégation des Rites, celle-ci, dit Baini dans ses Mémoires, jugea qu'il était rempli d'erreurs, et qu'il ne pouvait être mis en usage dans les églises : *Ex decreto S. Congregationis Rituum constat illum librum ita refertum erroribus et varietatibus, ut sic servire non possit ad usum destinatum (De la Rest.*, p. 47). Il est à regretter que l'œuvre de Giovanelli n'ait pas été l'objet d'une pareille censure; car, là aussi, les erreurs et les altérations pullulent. Le rhythme s'y trouve considérablement alourdi; les groupes et les neumes y sont complétement décomposés, et les repos presque toujours placés d'une manière arbitraire. Mais ce qui frappe par-dessus tout, c'est le nombre et l'importance des coupures qu'on a opérées dans le corps des mélodies; selon le mot de Baini, le chant n'y apparaît vraiment plus que comme un squelette. Les remaniements y sont aussi très-nombreux; l'on en voit partout les traces, et l'on peut dire que le chant, dans cette édition, est autant altéré que n'importe où. Ceux qui n'ont pas sous la main ce livre très-peu répandu peuvent en juger par les extraits qu'en donne M. l'abbé Bonhomme dans ses *Principes* (p. 174). Pour nous qui avons entendu exécuter, dans le collége de l'Apollinaire à Rome, le chant de Giovanelli, nous pouvons dire qu'il nous a paru d'une sécheresse et d'une insignifiance à peine supportables, surtout quand on est accoutumé aux neumes si luxuriants et aux vocalises si poétiques du chant de Reims. Aussi cette édition est-elle peu connue, même à Rome ; et, si nous en avons parlé, c'est parce que nous voulions réduire à leur juste valeur les éloges exagérés de certains musicographes qui, probablement, ne l'ont jamais étudiée.

Éditions de Dijon et de Rennes. — Elles ne sont surtout qu'une reproduction de l'édition publiée à Paris par Gabriel Nivers chez Ballard en 1682 ; et celle-ci ne faisait elle-même que reproduire l'édition de Toul de 1624. On n'y trouve donc qu'un chant retouché et arrangé selon le goût moderne. Le rhythme, dans ces livres, c'est absolument celui du chant de Paris, avec sa marche si monotone et si lourde. Syllabes musicales, neumes, respirations, repos, rien n'y est distingué. Dans tous les morceaux du Graduel et dans les autres mélodies plus abondantes, le chant est notablement abrégé, et conséquemment, beaucoup altéré ; contrairement à l'usage des anciens, qui est encore respecté dans le Graduel de Giovanelli, les pénultièmes dactyliques s'y prononcent très-brièvement ; le goût antique ne s'y fait presque plus sentir, et l'on y voit même, en plus d'un endroit, des infractions aux règles les plus traditionnelles de la musique grégorienne.

Édition de Digne. — Au fond, c'est encore une des nombreuses reproductions des livres de Nivers ; et, quand la Commission de Digne assure qu'en rédigeant ce travail elle a surtout suivi l'édition de Rome par Giovanelli, elle allègue un fait matériellement faux. Il suffit de comparer entre elles quelques pièces de l'une et de l'autre édition pour voir bien vite que celle de Digne ne reproduit aucunement celle de Rome. On retrouve donc dans les livres de Digne la plupart des défauts qui déparent ceux de Dijon et de Rennes. Là aussi les chants sont notablement abrégés et capricieusement rétouchés, le tissu des mélodies maladroitement rompu, et les tournures antiques sensiblement modernées. Pourtant, disons-le, la commission a eu l'heureuse pensée de profiter des découvertes récentes de l'archéologie musicale, et elle a pu ainsi améliorer sa dernière édition, qui a paru en 1859. Les syllabes, les neumes, les phrases, les repos et les respirations y sont assez bien distingués; on y admet des notes plus ou moins longues et fortes; et, si le rhythme y est encore loin de l'originalité et de la beauté qu'il a dans les textes primitifs, il en diffère moins que dans les autres livres modernes. Aussi n'hésitons-nous pas à dire que, parmi les chants abrégés et retouchés, il faut, pour la valeur, accorder le premier rang à celui de Digne.

Édition de Malines. — Le Graduel de Malines reproduit surtout l'œuvre de Giovanelli. Seulement, on a modifié l'édition de Rome çà et là, en introduisant quelques notes caudées, en substituant des losanges aux carrées pour les pénultièmes des dictions dactyliques, et en donnant quelquefois aux groupes une disposition nouvelle. Ce livre a donc les nombreux et graves défauts de l'édition de 1614, et l'on peut assurer que MM. Bogaërts et Duval, hommes d'ailleurs pleins de goût et de science, ont été mal inspirés, quand ils ont donné ainsi leur préférence à la malheureuse réforme de Giovanelli. En fait de chants abrégés et retouchés, les éditions françaises sont moins mauvaises que celle de Rome, et elles méritent d'être préférées. Quant aux notes accentuées, les éditeurs de Malines les ont souvent établies d'une manière arbitraire; et, loin de favoriser la marche rhythmique du chant, elles l'embarrassent en amenant des temps forts là où la mélodie n'en appelle pas.

Il y aurait aussi beaucoup à dire sur les remaniements

introduits dans l'Antiphonaire de Venise de 1570, que MM. Bogaërts et Duval ont adopté pour l'édition de Malines. C'est certainement dans de bonnes vues, par exemple pour mieux sauvegarder, ici la tonalité, ailleurs la symétrie des phrases, que ces savants musiciens ont ainsi retouché les antiennes et les hymnes; mais la fin ne saurait justifier les moyens. Ces modifications bouleversent le dessin mélodique dans des chants que tout bon paroissien sait par cœur, et l'on s'en trouve plus troublé qu'édifié.

Édition du P. Lambillotte. —Entre tant d'éditions mises au jour depuis le seizième siècle, c'est-à-dire depuis l'invasion des idées de réforme dans le domaine du chant ecclésiastique, la dernière venue est celle du P. Lambillotte. C'est aussi le travail qui présente les résultats les plus malheureux. Les mélodies y sont aussi écourtées, pour le moins, qu'en aucune autre édition moderne; car c'est jusqu'à quatre-vingts et même cent notes que le Révérend Père a biffées dans un même morceau. Nulle part, conséquemment, le défaut de parallélisme et de symétrie, l'incohérence des phrases mélodiques et l'absence d'unité ne choquent plus que dans ces chants prétendus restaurés. Quant aux syllabes musicales et aux groupes neumatiques, on paraît n'y avoir même pas songé en rédigeant cette édition; car tout y est confondu comme en un pêle-mêle. Que dire encore de ce système de prononciation qui, pour l'émission d'une pénultième dactylique et de l'accentuée qui la précède, ne permet que la durée d'une syllabe ordinaire? Évidemment, on y renverse les lois les plus vulgaires du langage. Ce n'est pas mieux pour la manière dont les longues et les brèves sont établies. Sur quoi s'est-on basé pour fixer ces valeurs? Est-ce sur les signes neumatiques? Est-ce sur autre chose? Il est impossible de le découvrir ; et tout y paraît le fruit du caprice. C'est surtout au point de vue du rhythme que les erreurs sont graves et les altérations choquantes. Comme le rhythme du discours, le rhythme grégorien résulte de la succession irrégulière de sons plus ou moins longs et plus ou moins forts, distingués par des repos plus ou moins fréquents. Les chants du P. Lambillotte, eux, sont rhythmés par une mesure binaire très-régulière, qu'on peut indiquer par un levé et par un frappé. On trouve même souvent dans le chant des hymnes la mesure ternaire, et l'on n'a pas craint de travestir impitoyablement les plus belles mélodies grégoriennes, en vue de les assujettir à la marche rhythmique qu'on leur destinait. Nous n'avons donc rien exagéré, quand, jugeant ailleurs l'œuvre du Révérend Père, nous l'avons signalée comme l'essai le plus pitoyable qui ait été tenté depuis qu'on a songé à refaire le chant de l'Église. Il y a là, non pas une restauration, mais une destruction ; et, ce qu'on trouve dans ces nouveaux livres, ce n'est pas le chant de saint Grégoire, mais le chant du P. Lambillotte, un chant de pure fantaisie.

Le fait précédemment constaté demeure donc entièrement debout avec notre conclusion : les éditions modernes ne sont pas toutes imparfaites au même degré ; mais, comparées aux antiques recueils, elles sont toutes imparfaites. Adopter l'une de ces éditions, ce serait préférer non-seulement ce qui est moins grégorien et moins traditionnel, mais encore ce qui a moins de valeur sous le rapport musical.

VIe QUESTION

Que faut-il penser des éditions modernes au point de vue du droit liturgique?

Que l'Église ait le droit de retoucher le chant de sa liturgie aussi bien que les textes et les rites, c'est ce que personne ne songe à contester. L'Église pourrait même faire davantage. Mais aussi ce n'est qu'à l'Église qu'appartient un tel droit; et nul, en dehors du Souverain-Pontife, qui est le chef suprême de l'Église, ne peut le revendiquer ou l'exercer; car, assurément, quand le concile de Trente accorde aux conciles provinciaux le droit de régler ce qui concerne le chant pour chaque province (*Sess.* XXI, *cap.* xii), c'est de règlements de détail et non de réformes radicales qu'il entend parler.

Pour juger au point de vue du droit les réformes accomplies dans le chant liturgique au seizième siècle et continuées jusqu'à ce jour, il faut donc se demander si c'est par l'Église et avec l'Église, par le Pape et avec le Pape, que ces transformations se sont faites et propagées. Or aucune édition n'invoque en sa faveur une telle sanction, et l'on peut assurer qu'aucune n'a droit à l'invoquer. Si quelque souverain-pontife avait approuvé une édition, il l'aurait fait par la Sacrée Congrégation des Rites, à qui en appartient le jugement ; c'est en effet par l'organe de cette congrégation que le chef de l'Église, nous l'avons vu, a censuré si sévèrement l'essai de réforme préparé par Palestrina. Et, comme l'on ne trouve aucun texte de ce genre ni dans les éditions, ni dans le recueil des décisions de la Congrégation, on peut être certain qu'il n'en existe point. Vous rencontrez bien dans le titre de certains livres des expressions qui tendent à indiquer une sanction plus ou moins directe de la part de l'autorité ecclésiastique ; mais, généralement, ce sont là des moyens de vogue imaginés avec plus ou moins de justice par les éditeurs, plutôt que des approbations. C'est ce qu'il faut penser, en particulier, de l'édition de Giovanelli. Il est bien dit dans le titre : *Cum cantu jussu Pauli V reformato;* mais il faut comprendre que Paul V avait autorisé son maître de chapelle à réviser le chant, ce qui était en effet bien nécessaire pour purger les textes et fixer l'unité même dans les détails, mais nullement qu'il ait sanctionné ce travail.

Quant à ce qui aurait été fait en faveur de quelque autre édition nouvelle par un ou par plusieurs évêques, on ne pourrait y voir, comme pour les transformations des textes et des rites liturgiques consommées un peu plus tard et sous l'empire des mêmes idées, que l'expression de vues plus ou moins particulières. Inférer de tels actes, s'il en existait, que l'Église a voulu la réforme et en particulier l'abréviation du chant grégorien, ce serait tirer une conséquence plus étendue que le principe, et elle n'aurait logiquement aucune valeur.

Si l'Église, dit-on, n'a jamais rien sanctionné, elle a su que les réformes s'effectuaient, que des évêques y prêtaient la main, et qu'ainsi l'antique fonds des mélodies liturgiques se transformait sensiblement. Elle a su cela, et elle n'a rien dit : ce silence ne peut-il pas être pris pour une approbation tacite? Le silence, ici, prouve que l'Église, pour des motifs graves et connus d'elle, supportait et laissait faire, mais nullement qu'elle sanctionnait. C'est le silence de simple prudence, dit Mgr de Blois, et non le silence d'approbation (*Inst. past.*, p. 26). Le Saint-Siége a toléré et tolère encore des liturgies particulières, c'est-à-dire des réformes plus ou moins radicales des textes et des rites liturgiques, faut-il s'étonner qu'il ait toléré et qu'il tolère encore des chants particuliers, c'est-à-dire des modifications plus ou moins importantes du chant légitime? Si le silence et la tolérance étaient ici un signe de sanction, bien des abus pourraient se prévaloir de l'autorisation de l'Église.

Rien n'est donc venu, ni directement ni indirectement, ravir à l'antique chant de saint Grégoire cette prérogative dont il a joui, du sixième au seizième siècle, d'être le vrai chant de la liturgie. Ce qui a été fait s'est accompli dans l'Église et non par l'Église. Le chant légitime et authentique de la liturgie romaine, c'est toujours le chant grégorien. Quant au chant des éditions modernes, l'Église les tolère, et nul n'a le droit d'être plus sévère que l'Église. Mais, si on l'appelle liturgique, ce ne peut être, comme quand on le nomme grégorien, que dans un sens très-large et d'une manière très-impropre. Il n'y a qu'un seul chant qui soit strictement liturgique, c'est celui qui est strictement grégorien.

Peut-être même est-il permis d'entrevoir le jour où, les

réformes qui partagent aujourd'hui son empire ayant disparu, l'antique chant de saint Grégoire régnera de nouveau seul dans les offices de l'Église. Le mouvement qui s'est accompli sous l'impulsion du Saint-Siége, et par suite duquel on a partout abandonné les liturgies particulières, semble vouloir comprendre le chant liturgique lui-même. Et, en effet, pourquoi tolérerait-on toujours les chants particuliers et modernes, quand on se montre si justement sévère à l'endroit des liturgies particulières et modernes? Il y a donc des signes d'espérance. C'est le chant grégorien que Pie IX aime et protége, c'est le chant grégorien que Pie IX désire voir remettre en honneur dans les offices liturgiques aussitôt qu'on le pourra ; ses encouragements les plus bienveillants, comme ses louanges les plus douces, sont pour ceux qui consacrent leurs veilles à la restauration de cet antique chant de l'Église. Quatre brefs accordés de 1852 à 1856, et auxquels il faut ajouter un cinquième que Sa Sainteté a daigné nous adresser en 1860, sont là pour témoigner des hautes préférences de l'illustre Pontife. N'est-il pas permis de penser que ces manifestations ne demeureront point stériles?

En attendant, choisir les éditions modernes, ce serait préférer ce qui est moins légitime et moins liturgique, en même temps que moins bon, moins grégorien et moins traditionnel.

VIIe QUESTION

Est-on capable, dans l'état actuel de la science, de lire et de comprendre tous les monuments grégoriens antérieurs au seizième siècle, de manière à pouvoir trouver et reproduire exactement le chant contenu en chacun d'eux ?

Nous l'avons dit déjà, pour les chants liturgiques comme pour les mélodies profanes l'écriture musicale [a beaucoup varié; ou plutôt les séméiographies si parfaites qui sont actuellement en usage ne se sont formées que peu à peu et par degrés. Sans parler de la notation par lettres avec ses deux systèmes, l'un dit *de Boëce* et l'autre de saint Grégoire, l'on trouve trois genres d'écriture. C'est d'abord, pour les manuscrits du huitième au onzième siècle, qui sont les plus anciens, la notation neumatique avec ses signes placés primitivement s·· la même ligne et plus tard échelonnés de manière à in· quer vaguement les évolutions de la voix; c'est ensuite, jusqu'aux treizième et quatorzième siècles, la notation guidonienne avec ses neumes placés par ordre et sur des lignes plus ou moins nombreuses; c'est enfin, plus tard, la notation carrée avec ses signes transformés et grossis peu à peu de la manière que l'on sait.

La notation par lettres présente une clarté absolue pour ce qui concerne la nature tonale des sons ; et il n'est pas possible, avec cette notation, de se méprendre sur les intonations diverses qui constituent la mélodie. Mais c'est la seule et unique chose qu'elle indique. Du reste, à part le fameux manuscrit de Montpellier, où le chant est écrit tout à la fois en neumes et en lettres, on ne possède dans cette écriture que des documents très-peu importants.

Les propriétés de la notation neumatique sont restées complétement inconnues durant ces derniers siècles. L'on sait en quels termes en parlait l'érudit Martin Gerbert en 1774, et il ne nous faut pas franchir beaucoup d'années pour nous retrouver en face des mêmes obscurités. Mais, grâce aux travaux récents de l'archéologie musicale, ce qui était inintelligible a cessé de l'être ; et, sauf peut-être quelques détails assez secondaires, on peut aujourd'hui lire et traduire les neumes aussi bien que du temps de Charlemagne.

Les mélodies, alors, se conservant principalement dans l'oreille des peuples, et les neumes ne faisant surtout qu'en rappeler les principaux éléments à ceux qui les savaient déjà, sans en préciser les intonations, il ne nous est pas permis d'y chercher nous-mêmes autre chose. Du reste, à part le degré qu'occupait dans l'échelle tonale chaque son de la cantilène, et qui n'était indiqué que plus ou moins vaguement, les neumes fournissaient à l'exécutant toutes les lumières désirables, et l'on chercherait en vain dans les notations moins anciennes plus de perfection. La contexture mélodique ou le détail successif des sons qui constituent le chant, les inflexions générales de la mélodie ou l'indice de l'élévation et de l'abaissement de la voix, les syllabes musicales ou les groupes de notes destinées à être liées ensemble dans l'exécution, la marche rhythmique ou la distinction des notes accentuées, des notes communes, des notes de passage et des notes de tenue, les agréments du chant ou l'indication de certaines finesses musicales que les chantres pouvaient ajouter au fond de la mélodie pour l'orner, tout y est déterminé avec netteté.

Nous pouvons donc retrouver dans les neumes toutes ces précieuses révélations, c'est-à-dire tout ce que les anciens y avaient mis et y trouvaient; car c'est à peine s'il reste, parmi les archéologues, quelque léger désaccord sur certaines valeurs rhythmiques.

Quant à l'intervalle réel des sons entre eux et à leur degré précis, on les trouve à d'autres sources. Les neumes ayant été transportés sur des lignes par Guy d'Arezzo dès le onzième siècle, et plus tard modifiés pour devenir les notes de la notation carrée, et cela avec une fidélité vraiment admirable, on peut demander à ces précieux dépôts la seule lumière que ne fournissent point les livres neumés sans lignes, c'est-à-dire les intonations précises de la mélodie. Dès lors l'on a retrouvé et l'on peut reproduire les chants de tout document écrit avec des neumes.

Quand ils sont écrits correctement, les recueils en notation guidonienne ne présentent aucune difficulté sérieuse; car rien alors n'y est obscur. C'est en effet à l'aide de livres ainsi notés que les élèves du moine de Pompose apprenaient si facilement et en si peu de temps les mélodies qu'ils devaient chanter à l'église. Mais en bien des exemplaires les signes sont accusés peu nettement, et en bien des endroits aussi on les a décomposés pour mieux les appliquer aux

lignes. Pour avoir alors une idée exacte des syllabes musicales, de la valeur rhythmique des notes et des ornements
du chant, il faut recourir aux livres neumés. Ici encore, on
le voit, les monuments se complètent les uns les autres; et,
puisqu'on trouve dans les livres plus anciens ce qui ne serait
qu'imparfaitement indiqué dans les manuscrits guidoniens,
il est toujours possible de lire et de reproduire le chant
que contiennent ces derniers monuments.

Il faut en dire autant des livres en notation carrée antérieurs à la fin du seizième siècle. Comme, jusque-là, on n'a-
vait opéré dans les mélodies aucune suppression ni aucun re-
maniement quelque peu radical, on y retrouve, généralement,
toutes les notes du vrai texte grégorien. On rencontre même
assez souvent, comme en quelques documents guidoniens,
des barres transversales qui, séparant ce qu'on appelle les
neumes, indiquent les respirations et les repos. Pour ce qui
regarde les syllabes musicales, la durée des sons et les ornements, ces livres laissent encore plus à désirer que les manuscrits guidoniens; et c'est ici surtout qu'il faut demander
des lumières aux documents neumés. Il n'en est pas moins
possible de retrouver, à l'aide de ce secours, la phrase musicale renfermée dans la notation carrée; et, pour les documents de cette époque comme pour ceux d'un âge plus re-
culé, il nous est permis de donner à la question posée une
réponse parfaitement affirmative.

VIIIe QUESTION

Peut-on, à l'aide de ces anciens documents antérieurs au seizième siècle, rétablir dans une édition nouvelle le vrai texte des antiques mélodies grégoriennes ?

Si l'on peut réaliser une telle restauration, ce n'est pas en reproduisant le chant d'un seul manuscrit, ni même de quelques-uns. Les documents dont il est ici question sont très-parfaits relativement aux éditions d'une date plus récente où l'on trouve à peine quelques lambeaux plus ou moins intacts du chant primitif; mais ils n'en sont pas moins très-imparfaits comparativement à ce qu'ont été les premiers recueils et à ce qu'eux-mêmes pourraient être. En effet, les variantes plus ou moins nombreuses et plus ou moins sensibles qu'on y rencontre révèlent un fait qu'on ne peut nier : c'est que, par l'action de causes plus ou moins connues, il s'est introduit dans les diverses copies du chant grégorien des altérations de bien des sortes. Ces copies ne diffèrent plus ou moins l'une de l'autre que parce qu'elles ont été plus ou moins falsifiées ; et, se borner à suivre un seul manuscrit ou quelques manuscrits seulement, ce serait se condamner à n'avoir qu'une leçon plus ou moins corrompue et à n'introduire dans les églises qu'une variante de plus. Tels sont, en effet, les livres des PP. Chartreux, imprimés à Lyon en 1674 et à Castres en 1756, à l'aide des seuls manuscrits de cet ordre, et l'édition des PP. Dominicains imprimée à Malines en 1854, d'après un manuscrit du quinzième siècle, en usage autrefois chez ces religieux. Comme dans tous les monuments anciens, on y trouve des textes mélodiques d'une conservation généralement assez pure ; quant à la vraie phrase grégorienne, elle n'y est pas.

Mais l'intégrité que des documents n'ont pas individuellement, ils peuvent l'avoir collectivement ; et il est sans doute possible de retrouver dans un grand nombre de manuscrits les éléments divers qui constituent les véritables mélodies grégoriennes, et ainsi de les rétablir. En effet, c'est en confrontant des copies recueillies çà et là qu'à la suite des siècles barbares on a rétabli dans leur pureté première une foule d'œuvres littéraires dont on avait perdu le texte original ; et telle est aussi la voie qui pourra nous conduire, selon le mot de Charlemagne, à la vraie source de saint Grégoire. Malgré la variété des leçons, les textes mélodiques de l'antiphonaire grégorien sont assez bien conservés dans les monuments ; et, en les comparant entre eux, on réussira à rétablir l'œuvre primitive.

Telles étaient sans doute les vues du Saint-Siége, quand, à l'époque de la révision des paroles et des rites liturgiques sous saint Pie V, des musiciens romains furent char-

gés de préparer un texte de chants qui pût être offert aux
églises particulières avec la liturgie elle-même, et ainsi
faire cesser, sur ce point comme sur le reste, la diversité. Selon qu'il est dit dans les bulles placées en tête du
Missel et du Bréviaire, ce sont les prières et les rites traditionnels de l'Église qu'on a cherché à rétablir dans leur
pureté ancienne, en les purgeant, par la confrontation, des
scories que les siècles y avaient ajoutées. N'est-il pas à
croire que c'est par une méthode semblable qu'on voulait
réviser et fixer le chant liturgique?

Mais la révision du chant étant une question d'art non
moins que de culte et de discipline, il faut bien qu'en pareille matière les supérieurs ecclésiastiques, qui ne peuvent
être des hommes spéciaux sur chaque branche, s'en rapportent un peu au jugement des artistes qu'ils croient dignes
de leur confiance. Malheureusement, les musiciens commis
au travail de révision, Palestrina, Guidetti et Giovanelli,
cédèrent à certains courants alors très en vigueur, et au
sujet desquels le Saint-Siége crut prudent de garder le silence, non toutefois sans avoir condamné l'essai de réforme
ainsi préparé par Palestrina. Au lieu de réviser, on se mit à
réformer ; au lieu de rechercher par la confrontation et de
restituer les cantilènes authentiques de saint Grégoire, on
acheva de les altérer ; et c'est au milieu des ruines accumu-
lées par cette révolution musicale que nous avons vécu jusqu'à ce jour.

IXe QUESTION

L'œuvre de restauration précédemment indiquée, ne l'a-t on pas
accomplie dans l'édition de Reims et de Cambrai ?

C'est, en effet, dans le but de donner des livres de chœur
qui reproduiraient le chant traditionnel de l'Église dans toute
sa pureté primitive, que cette édition fut entreprise et achevée.
C'était en 1848 et en 1849. D'un côté, le chant liturgique,
tel qu'on l'entendait partout, paraissait n'avoir qu'un mérite
bien médiocre ; et, en relisant les éloges si pompeux que le
moyen âge a écrits à sa gloire, on se demandait si c'étaient
bien là les mélodies que nos pères aimaient tant, les mélodies de saint Grégoire. D'un autre côté, la question de liturgie était éclaircie et jugée au point de vue du droit et des
convenances. Déjà beaucoup de diocèses avaient quitté leur
rite particulier pour reprendre cette antique liturgie de Rome
qu'ils n'auraient jamais dû abandonner ; les autres, pour la
plupart, se préparaient à accomplir ce louable retour ; et
l'unité liturgique, image frappante de l'unité catholique,

redevenait une réalité chaque jour plus complète. Pourtant le désaccord existait toujours sur une partie de la liturgie qui a bien aussi son importance : les éditions des livres de chœur variaient presque autant que les diocèses eux-mêmes, et le retour à la liturgie romaine ne faisait que rendre cette diversité plus sensible. C'était regrettable : car la forme la plus populaire et la plus saisissante de l'unité liturgique, c'est l'unité du chant ecclésiastique ; et, tant que le chant est différent, on peut dire que, pour les fidèles, l'unité n'existe pas.

Deux cardinaux français, Mgr Gousset, archevêque de Reims, et Mgr Giraud, archevêque de Cambrai, se préoccupèrent surtout de cet état de choses. A quoi, se demandèrent-ils, à quoi tient donc surtout cette déplorable diversité? Si les usages, depuis deux ou trois siècles, varient partout en fait de chant, c'est que partout, depuis deux ou trois siècles, on a rompu avec la tradition ; et si l'unité du chant peut être rétablie, ce sera surtout par le retour à la tradition : voilà ce que se dirent bientôt les éminentissimes prélats. La conséquence était que, pour porter remède au mal, il fallait rechercher à ses sources l'antique chant de l'Église, et former ainsi une édition qui pût servir de point de ralliement au milieu de la confusion générale. On soupçonnait d'ailleurs qu'en recherchant les mélodies des anciens temps, l'on retrouverait des œuvres musicales incomparablement plus parfaites ; car l'archéologie avait déjà fait à cet égard des révélations bien encourageantes.

La restauration du chant par les anciens monuments fut donc décidée, et le programme des travaux arrêté. Après avoir soumis leur projet au Souverain-Pontife qui l'approuva, Nosseigneurs de Reims et de Cambrai nommèrent, pour effectuer cette grande œuvre, une commission d'hommes spéciaux, dont ils confièrent la présidence à M. l'abbé Tesson, directeur au séminaire des Missions-Étrangères. Deux ans après, la commission présentait son travail aux archevêques de Reims et de Cambrai, qui furent heureux de l'approuver; et c'est ce travail, édité à Paris en 1851 par Jacques Lecoffre, qu'on appelle le chant de Reims et de Cambrai.

Il faut le proclamer à l'honneur de la commission, et surtout de M. l'abbé Tesson, qui s'est principalement dévoué à effectuer les recherches, à exhumer les vieux manuscrits, à comparer les leçons des diverses époques et des différents lieux, à étudier les didacticiens du moyen âge, pour retrouver les principes, restaurer les méthodes, recomposer les textes mélodiques et les présenter dans une notation convenable, en un mot pour préparer l'édition avec tous les documents qui s'y rapportent, ce travail a été effectué avec un bonheur que jamais on n'eût osé espérer.

Certes! nous ne prétendons pas que le but, c'est-à-dire la formation du meilleur chant possible à l'aide des documents anciens et des véritables traditions du moyen âge, soit complétement atteint, et qu'il ne reste plus rien à faire. Un tel résultat n'était pas possible à cette époque, ni en deux ans de travail : en pareille matière on ne peut arriver au bien complet que par des tâtonnements, des essais, des corrections, et conséquemment au prix de beaucoup d'étude, de temps et de patience. Vouloir faire et jouir trop vite, c'est se condamner à ne faire qu'imparfaitement et à ne jouir qu'à demi. Loin de donner à l'édition rémo-cambrésienne des éloges absolus, nous nous sommes fait un devoir de dire (*Un Mot...*, p. 6), et de répéter (*Rem.*, p. 106) que la méthode suivie est logique, mais qu'on en peut faire une application beaucoup plus parfaite; que la restauration effectuée est bonne, mais que ce n'est qu'un essai qui peut être de beaucoup surpassé ; que le chant est vraiment beau, mais qu'en confrontant sur une plus vaste échelle les monuments de notre musique sacrée, et en faisant présider à tout un judicieux éclectisme, on réussirait, dans l'état actuel de la science archéologique, à reconstituer des mélodies beaucoup plus heureuses encore. Nous avons même exposé en détail ce qu'on pourrait ajouter aux améliorations déjà réalisées ; et, en regrettant bien vivement de ne pouvoir, au milieu des travaux du saint ministère, qui du reste nous sont bien doux, nous dévouer nous-même à poursuivre l'œuvre des éditeurs rémo-cambrésiens, nous avons fait appel à la bonne volonté des hommes compétents. Il y a là, nous le voyons clairement, tant de bien à faire et de si beaux résultats à obtenir !!!

Mais, telle qu'elle est, l'édition de Reims et de Cambrai n'en a pas moins une supériorité incontestable. Non, rien de plus satisfaisant n'a été mis au jour depuis trois cents ans. La raison en est bien simple : si le chant rémo-cambrésien n'offre pas encore les antiques cantilènes de l'Église dans leur pureté native, il s'en approche plus qu'aucun autre. Nous avons montré plus haut comment, en abrégeant et en remaniant les mélodies de saint Grégoire, on les a altérées et rendues presque méconnaissables. Eh bien ! les défauts si nombreux des éditions modernes ont disparu, pour la plupart des livres de Reims et de Cambrai ; et l'on y retrouve bien des qualités que l'on chercherait en vain dans les autres éditions en usage de nos jours. La contexture des mélodies y est complète, et l'on peut assurer que pas une note n'y manque ; les phrases, les membres de phrase et les périodes y ont aussi toute leur intégralité première, et on les y a distingués par des respirations et des repos sagement placés ; les pénultièmes y portent une carrée selon l'usage des anciens, ce qui rend la marche du chant beaucoup plus calme et la distinction des syllabes beaucoup plus facile ; les durées y ont aussi repris leurs valeurs diverses avec les notes accentuées, les notes communes, les notes de passage et les notes de tenue, et il en résulte un rhythme aussi doux et pieux qu'agréable et varié ; les neumes, ou vocalises particulières à certaines pièces plus ornées, comme les Graduels et les Alleluia, s'y trouvent restitués, et l'effet en est des plus émouvants ; on y retrouve aussi cette teinte à la fois douce et sévère qui est le cachet propre des mélodies religieuses, et en particulier du chant grégorien. Il faut avoir entendu exécuter ce chant dans des chœurs bien organisés et qui savent l'interpréter convenablement pour sentir combien il est attrayant et touchant, quelles saintes jubilations il excite dans l'assemblée religieuse, et quelle poésie il répand au milieu des rites et des prières de l'office divin. Aussi le clergé est-il généralement satisfait et édifié de ce genre de musique, non moins que le peuple lui-même ; et s'il leur fallait, après en avoir goûté quelque temps les charmes, reprendre les chants sans couleur et sans vie des éditions réformées, ils ne s'y résigneraient qu'avec peine.

Ajoutons qu'on n'éprouve aucune difficulté sérieuse à comprendre et à pratiquer l'exécution propre au chant ainsi restauré. Depuis l'introduction de ce chant dans le diocèse d'Arras par Mgr Parisis en 1851, bien des curés nos confrères nous ont adressé leurs chantres pour que nous leur inculquions cette méthode ; et toujours, au bout de quelques leçons, les moins heureusement doués sont parvenus à rendre le chant rémo-cambrésien d'une manière convenable. En effet, la marche rhythmique et les coupures neumatiques de la mélodie en facilitent singulièrement l'intelligence et l'exécution ; et, s'il nous fallait établir une comparaison, nous affirmerions sans hésiter que le désavantage est tout entier du côté des chants à mouvements uniformes et à repos indécis.

Aussi cette publication a-t-elle été reçue dans l'Église et dans le monde musical avec une faveur vraiment exceptionnelle. Le *Graduale romanum* était à peine édité, que notre Saint-Père le pape Pie IX le faisait examiner par les plus habiles professeurs de chant grégorien attachés à la chapelle pontificale ; et, dès le 25 octobre 1854, Mgr l'archevêque de Myra, nonce apostolique à Paris, informait Mgr Régnier, successeur de Mgr Giraud sur le siége de Cambrai, que *le travail avait été jugé régulier dans sa substance, et que Sa Sainteté voyait avec satisfaction qu'il offrait l'avantage de pouvoir être mis en usage dans les églises de France* (Lett. de Mgr Régnier). Un peu plus tard, des exemplaires de l'édition *in-folio* ayant été offerts au Saint-Père, Pie IX prit plaisir à en faire essayer le chant en sa présence ; et, le déclarant très-beau, il daigna renouveler ses encouragements bienveillants. On connaît d'ailleurs les félicitations exprimées à ce même sujet par le Saint-Père dans les brefs adressés soit à Mgr Parisis, soit à M. Lecoffre.

Sans doute ce n'est pas là une approbation véritable ; en effet, comme Mgr l'évêque d'Arras l'expose avec tant de sens dans sa lettre du 9 octobre 1856, le Saint-Siége, dans l'état où se trouvent les travaux relatifs à la restauration du chant grégorien, peut bien autoriser et encourager, mais non encore approuver. Pourtant, s'il n'y a là qu'une simple autorisation, ce n'en est pas moins un témoignage des plus significatifs ; car, à notre connaissance, aucune édition, depuis trois cents ans, n'a reçu une sanction si directe.

Les éloges des hommes les plus compétents n'ont pas manqué non plus au chant rémo-cambrésien. Nous avons mentionné ailleurs (*Rem.*, p. 107) les noms de ceux qui ont écrit sur l'excellence relative de ce chant, et il est bien permis de dire qu'aucune édition n'a été l'objet de tant de sympathie.

Mais ce qui doit être surtout relaté à l'honneur des livres dont nous parlons, c'est l'empressement qu'ont mis les évêques à l'adopter pour les offices publics dans leurs diocèses, et les chefs de maison religieuse pour leurs églises particulières. Cette édition est une des dernières venues ; et, quand elle compte à peine dix ans d'existence, elle est déjà la plus répandue. En effet, on la suit dans seize diocèses en France, dans plusieurs diocèses à l'étranger, dans la plupart des paroisses de l'Irlande, dans une foule de maisons religieuses ou d'églises particulières à Rome et à Paris, en France, en Allemagne, en Italie et en Angleterre. Vraiment, il y a là un témoignage qui dit plus que toutes les louanges.

Tout nous autorise donc à l'affirmer : les éditeurs de Reims et de Cambrai ont répondu à l'attente des amis de l'art chrétien ; car ils ont réalisé, sinon complétement, du moins d'une manière très-satisfaisante, la restauration si nécessaire de l'antique chant de l'Église. Et, ce qu'il faut en conclure, c'est que, parmi les diverses éditions qui ont cours aujourd'hui, celle de Reims et de Cambrai est tout à la fois la plus grégorienne et la plus traditionnelle, la plus parfaite musicalement et la plus légitime liturgiquement, la plus répandue pour le présent et la plus riche d'avenir.

Xe QUESTION

Quelle est donc l'édition qui, à l'heure présente, mérite surtout de fixer
le choix des diocèses?

Nos conclusions précédentes indiquent suffisamment la
réponse. Entre le chant de saint Grégoire et ce qui n'en
est que la dégénérescence, entre la tradition et ce qui
n'est que le fruit de l'esprit particulier, entre l'antiquité et
le goût moderne, entre des œuvres musicales d'une beauté
réelle et ce qui n'en est que l'altération, entre ce qui est
rigoureusement légitime et liturgique et ce qui n'existe surtout que par tolérance, entre ce qui est plus estimé des
hommes compétents et ce qui l'est moins, entre ce qui
prépare pour l'avenir l'unité du chant et ce qui tend à en
perpétuer la diversité, le choix ne saurait être douteux :
l'édition qui se recommande avant tout au choix des diocèses,
c'est celle de Reims et de Cambrai.

Ce choix offre d'ailleurs un avantage qu'on ne rencontre
nulle autre part. Si l'œuvre de la restauration du chant gré-

gorien ne doit sans doute marcher que très lentement, et
s'il est probable que de nombreuses années s'écouleront
encore avant qu'on la voie s'achever, il n'est pas moins
certain que cette œuvre continuera de marcher et que ses
résultats mériteront un jour l'approbation de l'Église. Quand
arrivera cette heure sans doute encore très-éloignée, il y
aura à adopter le chant que le Saint-Père offrira aux églises
particulières en vue de compléter l'unité. Pour ceux qui
jusque-là auront pratiqué le chant rémo-cambrésien, le
changement s'opérera sans aucune perturbation; et c'est
à peine si les simples fidèles s'en apercevront, car dans
ce chant définitivement restauré, ils retrouveront le même
fond musical, le même rhythme, le même système, le même
cachet. Il en serait tout autrement pour ceux qui auraient
adopté le chant très-peu traditionnel de quelque édition
récente, puisqu'il faudrait alors substituer le système grégorien à une altération plus ou moins ridicale du chant
antique.

Quoi qu'il en soit, il importe qu'en pareille matière les
chefs des diocèses ne se prononcent qu'après mûre réflexion.
Ce qui n'est pas moins important, c'est que la question soit
examinée par des hommes vraiment compétents, c'est-à-
dire qui ont fait une étude spéciale de la musique gré
gorienne ou ancienne, et qui l'ont beaucoup pratiquée. Heureux les arts, a dit Quintilien, s'ils n'avaient pour juges que
des artistes ! *Felices artes, si de his soli artifices judicarent !*
C'est principalement quand il s'agit de notre chant liturgique que ce mot est vrai. Il y a généralement tant d'igno-
rance et de préjugés à cet égard, notamment parmi les
hommes qui ne cultivent surtout que la musique moderne,
et les juges vraiment capables sont si rares, qu'on ne sau-

rait trop le redire : Pour décider les questions de plain-chant dans les diocèses et faire choix d'une édition, ce qu'il faut avant tout, ce sont des hommes compétents.

Agréez l'hommage du profond respect avec lequel je suis,

Monseigneur,

De Votre Grandeur,
Le très-humble et très-obéissant serviteur,

N. CLOET, Doyen de Beuvry.

Beuvry, le 23 novembre 1861.

PARIS. — IMP. SIMON RAÇON ET COMP., RUE D'ERFURTH, 1.

www.ingramcontent.com/pod-product-compliance
Lightning Source LLC
Chambersburg PA
CBHW051555070726
47594CB00017B/1758